"Pages actuelles"
1914-1915

La France de demain

PAR

HÉBRARD DE VILLENEUVE

BLOUD ET GAY, ÉDITEURS
7, PLACE SAINT-SULPICE, PARIS

La France de demain

"PAGES ACTUELLES"

1914-1915

La France de demain

PAR

HÉBRARD de VILLENEUVE

PARIS
BLOUD ET GAY, ÉDITEURS
7, place Saint-Sulpice

1915

LA FRANCE DE DEMAIN [1]

Tant que durera la guerre, il faudra faire un réel effort pour penser à autre chose qu'à la guerre elle-même; mais s'il est impossible, en ce moment, de détourner les yeux du front, on peut, sans changer la direction du regard, le prolonger au delà et envisager l'avenir sous l'angle du présent. Les guerres les plus longues ne sont que des crises passagères. Quand la voix du canon se sera tue, quand le nuage de sanglante fumée qui barre l'horizon se sera dissipé, quel tableau s'offrira à nos yeux ? Que sera la France de demain ? Les destinées d'un peuple libre dépendent surtout de lui-même : se demander quelle sera la France de demain, c'est se demander ce qu'elle voudra, ce qu'elle doit vouloir être.

(1) Extrait de la *Revue des Deux-Mondes*, du 1er mars 1915.

Tel est l'objet de cette étude, qui n'est pas un article de polémique, encore moins une œuvre de parti, et où nous essaierons simplement de grouper et de mettre en lumière des idées qui sont actuellement communes à la plupart des bons Français. Ces fils d'une même patrie, hier encore si divisés, si dispersés moralement, n'ont été ni abattus, ni même ébranlés par la formidable secousse qui les a au contraire remis debout et rapprochés les uns des autres. Le navire est menacé, et, de même que dans la tempête le grondement de l'océan étouffe tout autre bruit, dans la tourmente actuelle tous les cris discordants se sont tus, et l'on n'entend plus qu'une voix : la grande voix de la conscience nationale. Elle ordonne à toutes les énergies d'aspirer au même but et à tous les cœurs de battre à l'unisson : elle le leur ordonne, non seulement pour aujourd'hui, mais aussi pour demain. Ce sont ces aspirations, ces battements que nous voudrions noter dans les pages qui vont suivre.

La question sociale.

On a dit quelquefois qu'il n'y avait pas *une* question sociale, mais une série de problèmes sociaux qu'il convenait de séparer les uns des autres pour les résoudre successivement. Nous ne saurions partager cette manière de voir. Sans doute, ce n'est pas là une de ces questions que l'on puisse trancher en bloc et d'un seul coup, mais il ne faut pas isoler les uns des autres les termes du problème et, pour arriver à une solution satisfaisante, on doit les étudier avec des vues d'ensemble à la lumière d'un principe commun.

Pour nous, la question sociale peut se ramener à une idée unique : la répartition équitable des avantages et des charges de la société entre ses membres. Si cette notion est exacte, on voit qu'elle déborde l'ancienne devise : Liberté, Egalité, Fraternité, en y ajoutant un élément supérieur : l'idée de justice. La réalisation de cette idée, qui suppose un pouvoir répartiteur puissant, impartial et éclairé, n'est pas forcément lié à telle ou telle forme du gouvernement, mais il faut reconnaître qu'elle puise une grande force et de particulières facilités dans la forme démocratique. Là où le peuple, c'est-à-dire le plus grand nombre commande en maître, il semble qu'aucun obstacle ne puisse entraver la mise en œuvre d'un programme qui a précisément pour but l'amélioration du sort du plus grand nombre. Mais de ce que le peuple n'a pas d'autorité positive au-dessus de lui, il ne s'ensuit pas que son pouvoir soit absolu, car il peut se heurter à des lois naturelles et à des forces économiques qui résistent à sa force et paralysent ses lois. Non! malgré sa souveraineté nominale, le législateur issu du suffrage universel ne peut pas distribuer à son gré la fortune, pas plus que la santé et le bonheur. Il faut en prendre son parti, les bonnes réformes sociales, les réformes durables ne peuvent résulter que de la collaboration des lois et des mœurs : quand des lois interviennent d'une façon brutale et maladroite dans l'organisme social, elles risquent de fausser les rouages et d'arrêter le mouvement. On pourrait écrire un volume et des plus suggestifs sous ce titre : « les lois mortes », où l'on verrait, ensevelies pêle-mêle, dans la même poussière, les plus creuses rêveries, les utopies les plus fausses et parfois les idées les plus justes et les plus généreuses : il leur a manqué pour vivre simplement ceci : le consentement de ceux pour qui elles avaient été conçues.

Or, ce qu'il y a de caractéristique et de consolant dans la crise actuelle, c'est qu'elle a étouffé les mauvais sentiments qui, soit en haut, soit en bas de l'échelle sociale, se rebellent contre l'idée de justice et opposent un obstacle insurmontable aux meilleures réformes. Ces sentiments, nous ne les connaissons que trop : c'est, en haut, l'égoïsme et l'indifférence ; en bas, la haine et l'envie. Inutile d'insister, n'est-ce pas ? ces quatre mots résument bien et expliquent l'histoire des luttes stériles et des convulsions des peuples à la poursuite de l'idéal de justice. Eh bien ! à la minute où nous vivons, minute peut-être unique dans nos annales, nous voyons abdiquer les égoïsmes les plus endurcis et désarmer les haines les plus tenaces et, par là même, disparaît le plus gros obstacle au progrès social. Qui donc oserait parler aujourd'hui de guerre de classes? Ces mots ne nous révoltent même plus, car ils n'ont plus de sens à l'heure où le riche et le pauvre, fraternellement unis, soumis aux mêmes privations et aux mêmes dangers, luttent contre l'ennemi qui attire toutes leurs colères et absorbe toutes leurs facultés de haïr. Les chefs du socialisme français doivent reconnaître l'erreur qu'ils ont commise en cherchant leur point d'appui à l'étranger : ils sentent qu'à tout jamais les liens qui les unissaient à ces faux frères du dehors sont brisés, et ils s'en consolent sans doute en songeant qu'il sera plus naturel et plus facile de s'entendre avec leurs frères de France, avec ces frères qu'ils considéraient comme ennemis, parce qu'ils les jugeaient mal et qui, peut-être, ne se connaissaient pas bien eux-mêmes. Voyez ces riches qui, hier encore, accueillaient avec une méfiance chagrine toute réforme pouvant menacer, même légèrement, leurs intérêts ; quel changement dans leurs préoccupations! quelle révolution dans leur mentalité ! Beaucoup, qui ont passé ces dernières années à trembler en prévision de la moindre atteinte qui pourrait être portée à leurs revenus, ont vu, sans une plainte, sinon sans un regret, sombrer une partie de leur capital ; ils ont assisté impassibles à la ruine de leurs usines, au bombardement et à l'incendie de leurs maisons et, dans un cataclysme qui menace d'engloutir leur fortune, ils se sont noblement détachés de cette fortune si précaire pour placer plus haut leur idéal, le but et l'honneur de leur vie. A quelque milieu qu'elle appartienne, commerce, industrie, banque, agriculture, toute richesse acquise a subi, par le fait de la guerre, une profonde atteinte ; ce qui peut en rester, dépouillé de l'appui des lois, menacé par des règlements restrictifs, rogné par le *moratorium*, n'est point pour exciter l'envie. L'argent est détrôné : beaucoup n'en ont plus et, parmi ceux qui en possèdent encore, les uns le donnent, les autres le cachent, mais nul ne l'étale et personne n'en est plus fier. Dans ce brusque nivellement qui a opéré en quelques mois de tels changements, et qui a transformé la société française, le sentiment qui domine, c'est un besoin général d'union, un souffle ardent et profond de solidarité. Le mot est tellement *adéquat* à la situation qu'il semble avoir été fait pour elle. En somme, de la mise en commun des anxiétés, des espoirs, des énergies, des sacrifices, se dégage une unité admirable, telle qu'aucun peuple n'en a jamais connue et qui est comme le rayonnement de l'âme de la France ! C'est là ce qui nous donne une confiance absolue dans l'issue de la lutte, et c'est là aussi ce qui restera comme un précieux prolongement de la victoire. Car on profitera de ce merveilleux élan national pour résoudre les problèmes sociaux dans un esprit de sincère justice et de généreuse fraternité.

L'œuvre est déjà assez avancée, et l'ensemble des lois sociales élaborées sous la troisième République forme un monument d'une assez vaste structure, mais qui est loin d'être parfait :

Lois de *liberté* et d'émancipation des travailleurs, notamment la loi sur les syndicats, étayée sur les lois qui ont libéré les associations et les réunions publiques ;

Lois de *protection* réglementant les conditions du travail, assurant l'hygiène des ateliers, prenant des mesures spéciales pour ménager les forces des femmes et des enfants ;

Lois d'*assistance* aux malades, aux vieillards,

aux femmes en couches, aux familles nombreuses, comprenant dans un immense réseau de secours toutes les formes de la misère humaine ;

Lois de *prévoyance*, spécialement les lois sur les caisses des ouvriers mineurs, les pensions des employés de chemins de fer et la grande loi du 5 avril 1910 sur les retraites ouvrières.

L'intervention de l'État s'est affirmée dans toutes ces lois d'une façon très nette et parfois imprudente : plusieurs d'entre elles ont donné lieu à des abus qui ont été justement signalés et à des difficultés d'application qui sont loin d'être résolues ; il semble donc qu'avant d'élaborer des lois nouvelles dans le même sens, il serait sage de se préoccuper d'abord d'améliorer et d'appliquer les lois déjà votées, en tenant compte des leçons de l'expérience.

Nous apercevons néanmoins trois ordres de mesures législatives urgentes, et qui seraient vraiment des lois de salut social :

La première consisterait à maintenir purement et simplement et à rendre définitives les prohibitions par lesquelles le gouvernement a cherché à enrayer les progrès de l'alcoolisme.

Une telle loi équivaudrait au gain d'une bataille, car ce fléau prive annuellement la France d'un contingent d'hommes valides supérieur à un corps d'armée. Nous espérons que les représentants du pays, qui n'avaient pas eu le courage nécessaire pour voter cette loi, n'auront pas la faiblesse de revenir sur des décisions inspirées par le souci des intérêts vitaux de la nation. Ce ne serait pas la peine d'arracher celle-ci aux ennemis du dehors, si on la laissait procéder elle-même à son suicide physique, intellectuel et moral.

La deuxième réforme, dont M. Millerand a pris l'initiative et dont il reste l'apôtre convaincu, donnerait aux syndicats ouvriers la plénitude de la capacité civile. Non seulement cette mesure augmenterait la force et les moyens d'action des syndicats, mais elle pourrait avoir une influence des plus heureuses sur leur orientation et contribuerait à les soustraire aux suggestions révolutionnaires. Si les syndicats devenaient des capitalistes, ils sentiraient probablement fléchir leur prévention contre la richesse acquise: ce capital serait pour eux le commencement non seulement de la fortune, mais aussi de la sagesse, et les patrons avisés ne devraient pas hésiter, dans leur propre intérêt, à se faire les premiers bailleurs de fonds des caisses syndicales.

Une troisième loi non moins importante, préparée depuis plus de dix ans par le Conseil supérieur des sociétés de secours mutuels, aurait pour but de permettre à ces bienfaisantes institutions d'étendre leur action et de remplir complètement leur mission économique et sociale. Il ne s'agirait pas d'ailleurs d'une loi nouvelle, mais d'une mise au point de la loi du 1er avril 1898, qui est, comme on le sait, la charte actuelle de la mutualité. Les propagateurs les plus zélés du mouvement mutualiste ont souvent constaté avec un vif regret toutes les difficultés qui s'opposent à ce qu'ils pénètrent dans les milieux ouvriers les plus humbles, précisément ceux où leur intervention serait le plus utile. Mêler l'effort mutualiste à l'action syndicale, comme l'avait d'ailleurs prévu la loi de 1884, ce serait faire faire un pas immense à la question sociale. Il appartient aux pouvoirs publics de favoriser un résultat si désirable, et, pour cela, ils auraient à envisager les mesures suivantes :

Procéder tout d'abord à la mise au point

dont nous parlions plus haut de la loi sur les sociétés de secours mutuels et la débarrasser des quelques dispositions contre lesquelles les mutualités sont unanimes à protester; faire à la mutualité une part plus large dans l'application des lois de prévoyance où elle peut être un auxiliaire si utile, augmenter sa participation à l'exécution de la loi des retraites ouvrières, la choisir nettement comme l'instrument de la retraite-invalidité; enfin, se montrer plus large dans l'allocation des subventions, qui sont aujourd'hui si parcimonieusement mesurées aux sociétés de secours mutuels. Si l'on veut bien réfléchir, on constate que l'argent donné par le Trésor à la mutualité est une simple avance, un placement de père de famille, car toute extension des sociétés de secours mutuels allège d'autant les charges de l'Assistance publique, et il est à la fois plus normal, plus juste et plus économique d'encourager la prévoyance que d'avoir à secourir la misère.

Nous croyons en somme que, pour la solution du problème social, il faut compter avant tout sur le développement des associations libres soutenues par l'aide généreuse de l'État et que, sans renoncer pour toujours à de nouvelles améliorations légales en faveur des travailleurs, on devrait faire confiance aux initiatives privées dont l'action a déjà été si féconde et dont on peut encore beaucoup attendre. Enfin on ne saurait se lasser de répéter — surtout à un moment où l'on a quelques chances d'être entendu — que le problème n'est pas unilatéral et que sa solution exige l'entente entre le capital et le travail. A ceux qui pourraient en douter encore, la crise actuelle démontre que l'appauvrissement des riches ne fait pas l'enrichissement des pauvres. Le dernier mot de la sagesse pratique, en matière sociale, est donc le vieil axiome de « l'harmonie des intérêts » et l'un des éléments essentiels du progrès démocratique, c'est la prospérité économique et financière.

Jetons maintenant les yeux de ce côté, et voyons quelle sera, à cet égard, après la guerre, la situation du pays.

La situation économique et financière.

Deux facteurs inégalement importants, tristes legs tous les deux de nos revers, ont affecté assez sérieusement les finances et la prospérité de la France, depuis 1870. L'indemnité de guerre de cinq milliards, quoiqu'elle ait été facilement payée, a laissé derrière elle le poids mort de l'accroissement des arrérages de la dette; le régime de faveur résultant pour l'Allemagne du traité de Francfort a lourdement pesé depuis un demi-siècle sur notre régime douanier et gêné la liberté de nos négociations avec les autres États. Espérons qu'après le traité... de Bruxelles, voulez-vous? — la situation sera renversée à notre profit. Nous reprendrons nos cinq milliards, avec les intérêts composés, et, profitant de notre liberté économique heureusement reconquise, nous essaierons de rétablir notre ancienne supériorité industrielle et commerciale.

Sur ce point, avouons qu'il y a beaucoup à faire.

Les amis de l'Allemagne — nous en étions aussi infestés que de ses espions — ont mené ces dernières années une campagne des plus actives pour que personne n'ignorât sa suprématie dans le domaine économique. Quel concert de louanges en l'honneur du puissant, du riche, du méthodique, de l'incomparable Empire ! On y insistait trop pour qu'il y eût là simplement l'énoncé d'un fait ; il y avait aussi une tactique. Les germanophiles faisaient complaisamment ressortir les chances de gain que de tels atouts mettaient dans le jeu de l'Allemagne en cas de conflit armé. L'inéluctable conclusion était la nécessité de s'entendre avec un voisin si bien outillé et si redoutable, de s'entendre à tout prix..., même au prix de l'abandon de nos droits les plus sacrés et de nos plus chères espérances. L'honneur de notre génération a été de résister à ces honteuses suggestions, estimant qu'il y a une chose pire que la douleur de la défaite, c'est la lâcheté de la résignation.

Il faut pourtant reconnaître que, dans ces éloges hyperboliques décernés à nos ennemis, il y avait une part de vérité. Pendant quarante ans, ce peuple rapace, ce parvenu de la fortune, aiguillonné par un orgueil fanatique, a accumulé, en même temps que les plus redoutables instruments de mort, tous les instruments de la vie industrielle et commerciale. Des milliers d'usines, d'ateliers, de fabriques sont sortis de terre ; d'innombrables voies ferrées ont sillonné le vaste empire ; des centaines de vaisseaux ont promené le pavillon allemand sur toutes les mers. De cet outillage formidable, de cet immense effort, a surgi, lourd et imposant comme la *Germania* elle-même, le colosse industriel dont on peut mesurer la grandeur par un chiffre : 24 milliards d'exportation. Quelques-uns disaient bien qu'à côté de cette prospérité apparente on pouvait noter des signes inquiétants : tous les bénéfices étaient au fur et à mesure engagés dans des affaires nouvelles, et les réserves ne paraissaient guère proportionnées à l'importance des capitaux risqués dans des entreprises aléatoires. Il y a peu de temps, une crise générale, qui ne fut liquidée qu'avec de grosses pertes, avait suscité de vives inquiétudes et fait entendre un premier son d'alarme. Cette masse reposait-elle sur une plate-forme vraiment inébranlable ? Le colosse n'avait-il pas des pieds d'argile? Mais on répondait que l'industrie allemande avait comme sauvegarde la solide armature de sa puissance militaire : si de nouvelles crises venaient à surgir, on aurait un moyen infaillible de les résoudre : la victoire !

Voyons ce qui en est aujourd'hui. En quelques semaines, plus de quatre cents bâtiments allemands ont été capturés ; l'Allemagne a perdu ses colonies et les points d'appui de sa flotte ; la maîtrise de la mer appartient sans conteste aux Alliés : les routes de l'Océan conduisant les matières premières en Allemagne et en ramenant les produits fabriqués sont barrées : le commerce extérieur allemand est d'ores et déjà frappé de mort. Bientôt ce seront de nouveaux désastres et de nouvelles ruines. Sur mer, le blocus se resserrera de plus en plus ; sur terre les usines de Silésie payeront — compensation bien insuffisante — pour Reims et pour Louvain. Il faut que l'Allemagne soit non seulement battue sur terre, dans l'air et sur mer, par nos canons, nos aéroplanes et nos vaisseaux, mais aussi battue et dépossédée par nos industriels et nos commerçants sur le champ de bataille économique. C'est là une heure décisive dont les intéressés doivent profiter sans perdre de temps : il faut qu'ils s'installent et se préparent pour chasser les Austro-Allemands des marchés du monde. En pareille occurrence, on peut compter sur l'intelligence et l'esprit d'initiative de nos compatriotes ; mais, pour réussir, ils ont besoin d'un levier indispensable : l'argent. Or on sait quelle disette d'argent a été produite par le régime dit du *Moratorium*. Cet expédient a peut-être été nécessaire au début pour prévenir une crise plus redoutable ; mais les mesures prises ont dépassé le but et, en tout cas, elles ne sauraient être prolongées sans de graves dangers pour l'activité et la prospérité nationales. Certains financiers, heureux d'échapper aux conséquences de leurs imprudentes spéculations, s'en accommodent aisément : il y a même des commerçants et des industriels qui les supportent sans trop de peine : leurs usines, leurs ateliers sont fermés, ils vivent sur leurs réserves, n'ayant à payer pour le moment, ni leurs ouvriers, ni leurs loyers, ni leurs échéances. Mais ceux qui voudraient contribuer à la reprise des affaires, ceux qui cherchent à remédier au chômage en restaurant le travail, sont cruellement embarrassés. Il ne leur est même pas possible de continuer leur industrie ou leur commerce ordinaires, faute de capitaux, comment pourraient-ils augmenter leur production, tenter d'autres entreprises, créer de nouveaux débouchés? Il y a là une question extrêmement grave et ces considérations pèseront sans doute dans la balance du gouvernement, quand il aura à examiner de nouveau ce problème.

Après la situation économique, si nous examinons la situation financière de demain, nous ne pouvons pas évidemment prendre pour base le programme classique : ni impôts nouveaux, ni emprunt. Même en escomptant une forte indemnité de guerre, il sera difficile d'équilibrer nos recettes et nos dépenses sans recourir à la fois à l'emprunt et à l'impôt. Jusqu'à présent, grâce à l'admirable trésor de guerre constitué par l'encaisse de la Banque de France, l'État a pu faire face aux nécessités de la défense nationale qui, en quelques mois, ont majoré de plusieurs milliards les dépenses prévues au budget de 1914 : ce merveilleux résultat témoigne de la souplesse et de la résistance de nos rouages financiers. Le succès de l'émission des bons du Trésor, qui ont atteint rapidement près de trois milliards, est aussi un symptôme rassurant pour la réussite du futur emprunt. Il serait prématuré de chercher à en prévoir, dès aujourd'hui, les modalités et les conditions, mais nous envisageons, sur ce point, l'avenir avec confiance. Nous pouvons compter, en effet, non seulement sur la participation de nos nationaux dont l'épargne secouera joyeusement ce jour-là la poussière des bas de laine, mais aussi sur le généreux concours de nos alliés. Depuis le début de la guerre, les contingents britanniques ne cessent de nous arriver ponctuellement; pour la bataille financière, nous attendons « la cavalerie de Saint-Georges ».

A côté de la question de l'emprunt se posera immédiatement celle des impôts : impôts à supprimer, à transformer, à créer. Le ministère des Finances, qui a le sentiment des réalités, ne choisira pas cette occasion pour se livrer à des expériences fiscales. Nous supposons qu'avant de supprimer des impôts qui ont fait leurs preuves, il s'assurera du rendement de ceux que l'on voudrait y substituer. Dans le choix à faire entre les différentes taxations, il écartera les considérations d'ordre purement théorique et ne laissera pas mêler imprudemment la question financière à la question sociale. Si le législateur n'a pas le pouvoir de corriger les inégalités naturelles : il n'a pas davantage — cette affirmation surprendra peut-être — le pouvoir de faire payer l'impôt par qui il veut. Nous entendons bien qu'en établissant une taxe, il peut désigner le redevable auquel s'adressera le fisc, mais comment empêcher celui qui fait ainsi l'avance de l'impôt de le rejeter sur son voisin? En matière d'*incidence* des contributions, ce n'est pas la loi du Palais-Bourbon qui est souveraine, c'est la loi de l'offre et de la demande. De telle sorte qu'on aura beau baptiser un impôt nouveau : taxe sur les riches, rien ne démontre que ce ne seront pas les pauvres qui en supporteront définitivement le poids. C'est ce qui s'est passé quand on a voulu augmenter l'impôt des propriétés bâties, qui est retombé sur les petits locataires.

Un autre préjugé dont le législateur devra se débarrasser, quand on procédera à la revision de notre système fiscal, c'est l'ostracisme absolu décrété en bloc contre les contributions indirectes. Que l'on médite l'exemple des octrois qui, après avoir été supprimés dans certaines villes, ont été presque partout rétablis par les mêmes municipalités, avec de fortes majorations pour combler les vides causés par leur suppression. Qui peut répondre qu'en 1915 la rentrée des impôts directs se fera facilement et normalement ? N'ayons donc point de parti pris et soyons prêts à accepter sans murmurer tout impôt qui sera modéré, productif et facile à percevoir.

Enfin, nous espérons bien ne plus entendre parler, à la veille d'un emprunt important, de l'impôt sur la rente : ici, quoi qu'on fasse, l'incidence est fatale. Celui qui en définitive supportera l'impôt, ce n'est pas le rentier, c'est le crédit public, c'est l'État auquel les prêteurs feront durement sentir leur mécontentement et leur méfiance.

Ceci dit pour les recettes publiques, on peut se préoccuper aussi des dépenses et chercher à les réduire au moyen de réformes d'ordre administratif.

La réforme administrative.

Le point de vue des économies n'est pas précisément celui où s'est placé le plus souvent le législateur de ces dernières années pour régler l'organisation administrative du pays. La raison en est bien simple, c'est que la plupart des réformes ont été inspirées par les fonctionnaires et faites surtout dans leur intérêt. On ne peut nier que pendant longtemps la situation des agents de l'Etat, surtout celle des petits et des plus nombreux, a été à la fois précaire et misérable. Précaire, car dans bien des cas leur nomination, leur avancement, leur révocation n'étaient soumis à aucune règle, ce qui les livrait sans défense à l'arbitraire de leurs chefs ou plutôt, ce qui était pire, des influences qui pesaient sur leurs chefs; misérable, car les employés de l'État, tenus à un certain décorum, étaient les plus mal rétribués de tous les travailleurs. Leurs revendications étaient donc justes en principe et elles ont fini par être entendues. On a réglementé leur entrée et leur avancement dans les cadres et on a augmenté assez sensiblement leurs émoluments en même temps qu'on leur donnait des garanties contre les abus de pouvoir dont ils seraient victimes. Les fonctionnaires ont d'ailleurs usé énergiquement des armes qu'on leur mettait entre les mains, et de nombreux recours au Conseil d'État ont souvent abouti à la réformation des actes qui avaient lésé leurs droits. Dans cette campagne ardemment menée, ils ne se sont pas toujours montrés eux-mêmes très scrupuleux sur la légalité des moyens qu'ils employaient; c'est ainsi qu'ils se sont irrégulièrement servis des dispositions de la loi du 21 mars 1884 qui n'avait certes pas été faite pour présider aux rapports entre l'État et ses agents : allant jusqu'au bout de leur soi-disant droit syndical, quelques-uns n'ont pas hésité à s'affilier à la Confédération générale du travail. Cette alliance entre l'administration et l'anarchie prêtait à rire au public, mais elle ne pouvait être du goût du Gouvernement, qui voyait ainsi violer la loi par ceux-là mêmes qui ont pour mission de la faire respecter. Il fallait donc sévir, et on a sévi... de temps à autre; mais, en réprimant les abus, on s'est préoccupé de donner satisfaction à ce qu'il pouvait y avoir de juste dans ces aspirations vers le syndicalisme. Un projet de loi sur le statut des fonctionnaires élaboré avec soin va prochainement régler la situation en définissant exactement leurs droits et leurs devoirs : on ne peut regretter qu'une chose, c'est que l'on n'ait pas adopté plus tôt le projet préparé en 1907 par le ministère Clemenceau, qui aurait coupé court aux désordres dont l'Administration n'a eu que trop à souffrir pendant ces dernières années.

Quoi qu'il en soit, le statut va donner satisfaction aux fonctionnaires. Il y a, en face, le point de vue des contribuables, qui n'est évidemment pas le même, mais qui n'est pas inconciliable avec lui. Ce qui frappe les contribuables conscients..., et il y en a, c'est que notre immense et lourde machine administrative, plus que centenaire, est à la fois trop compliquée et trop coûteuse et qu'à un pays transformé par tous les progrès modernes, il est temps d'adapter un organisme administratif plus neuf, plus simple, et moins dispendieux. La division de la France en départements, en arrondissements et en communes remonte, on le sait, à 1789 : toute l'administration française a été organisée en l'an VIII sur cette base territoriale, et, depuis, on n'y a guère touché que pour créer des emplois nouveaux. Jamais on ne persuadera à un homme sensé, dégagé de tout intérêt personnel et isolé des sophismes politiques, que, dans un pays qui a des chemins de fer, des télégraphes et des téléphones, il est nécessaire, pour la même étendue de territoire, d'entretenir le même nombre de fonctionnaires qu'à l'époque où l'on voyageait en diligence et où une lettre — seul mode de correspondance connu — mettait huit jours pour aller de Calais à Marseille. Or, tous les fonctionnaires en surnombre sont une double ruine pour le pays, puisque, d'une part, il faut les payer et que, d'autre part, ce sont des cerveaux et des bras enlevés à l'agriculture, au commerce, à l'industrie.

Ces considérations sont trop évidentes pour ne pas avoir frappé souvent les hommes d'État ; mais, quand on a voulu réaliser la réforme, on s'est toujours brisé contre la coalition des intéressés et des influences de clocher. Il s'est rencontré pourtant un président du Conseil qui, il y a une vingtaine d'années, eut le courage de constituer une Commission dite de décentralisation, avec mission de rechercher les simplifications et les économies que pouvait comporter notre organisation administrative. Parmi les membres de la Commission, il y en eut une dizaine qui eurent la fantaisie de travailler sérieusement. Au bout d'un an, ils avaient élaboré un plan de réformes hardies et pratiques qui eût abouti assez rapidement à de réelles économies. Les circonstances n'ont pas permis jusqu'à présent de réaliser les vœux de la Commission : celle-ci est depuis longtemps dissoute, mais son œuvre subsiste encore; si quelqu'un de nos lecteurs était curieux de consulter ces projets et documents, nous pouvons lui indiquer la retraite où ils ont été confinés, loin des yeux du public : par une sorte d'ironie, le Gouvernement a décidé que les archives de la Commission de décentralisation seraient versées au Conseil d'État, et les sceptiques n'ont pas manqué de rappeler que le Conseil d'État passe pour être la « forteresse de la centralisation », le mot est d'un décentralisateur fameux, M. Raudot. Nous pouvons affirmer pourtant que, parmi les membres du Conseil, il s'en trouverait plus d'un pour défendre un plan de réformes qui allégerait les charges de l'État, tout en rajeunissant et en fortifiant l'administration française. Le moment ne va-t-il pas être opportun? En 1915, il est probable qu'on modifiera profondément la carte d'Europe : excellente occasion pour refondre la carte de France. Malheureusement, on risque de se heurter à l'obstacle signalé plus haut, à cet esprit de clocher qui est bien, lui, la forteresse de toutes les routines et de tous les abus. Mais il ne faut pas désespérer d'en venir à bout.

Veut-on ici nous permettre une brève et discrète incursion sur le terrain politique? Tout le monde aujourd'hui, sous la pression des événements, reconnaît qu'il y a des moments où le salut du pays exige la prédominance de l'intérêt général sur toutes les coteries locales. Avec un léger effort de bon sens et de désintéressement, on arrivera à admettre que ce point de vue, qu'on accepte comme exceptionnel et temporaire, dcit survivre à la crise qui en a démontré l'existence.

Il y a des vérités qu'on aperçoit très nettement en temps de guerre, mais qui sont des vérités de tous les temps. Voilà ce qu'on se dira demain. De là à rechercher un mode de scrutin qui ne permette plus aux intérêts locaux de se liguer contre l'intérêt général, il n'y a qu'un pas, et on le franchira. Peut-être même, une fois aiguillé dans cette voie, reconnaîtra-t-on que, dans un régime démocratique, autant et plus que dans tout autre, il faut maintenir le principe de la séparation des pouvoirs. Or ce principe suppose que le pouvoir exécutif doit être, sinon indépendant, au moins distinct du pouvoir parlementaire. Dans une machine bien réglée, il faut un moteur et un frein : le frein, c'est le pouvoir parlementaire; le moteur, c'est le Gouvernement. Personne n'oserait affirmer que cette règle de bon sens ait toujours été observée avant la guerre, et l'immixtion du Parlement dans les attributions essentielles du Gouvernement a souvent été une cause d'erreurs, de désordres, de fautes dont nous portons encore aujourd'hui le poids. Depuis la guerre on ne s'est pas trop mal trouvé d'avoir laissé une grande liberté d'allure et d'action à ceux qui ont la responsabilité du pouvoir et qui exercent, grâce à l'état de siège, une sorte de dictature. Après la paix, chacun reprendra sa place : on restituera aux citoyens leurs libertés et au parlement son autorité légitime. Souhaitons qu'on réserve aussi la part légitime du Gouvernement, pour qu'il puisse prendre la direction des affaires du pays et réaliser les réformes nécessaires. Ainsi la République sortirait grandie et fortifiée d'une crise qui aurait été pour la nation et pour elle-même une crise de croissance.

Nous voudrions maintenant dire un mot d'une question qui n'est pas à proprement parler politique, quoiqu'elle ait été le pivot de certaines politiques — au grand détriment du pays — la question religieuse.

La question religieuse.

Mais, dira-t-on, il n'y a plus de question religieuse en France. Tous les problèmes qui s'y rapportaient ont été définitivement réglés par la loi du 9 décembre 1905 sur la séparation des Églises et de l'État.

C'est là, à notre sens, une conception un peu simple d'une question très complexe et cet optimisme confiant ne résiste pas à l'examen.

La loi de 1905 est si peu intangible qu'on y a déjà touché à plusieurs reprises : non pas sur des articles de détail, mais sur des points essentiels, tels que la jouissance des églises et le droit pour les communes de contribuer à leur entretien ; d'autre part, les dérogations apportées au texte primitif par les lois de 1907 et 1908 se sont accentuées dans les décrets appliquant la loi à l'Algérie et aux Colonies, qui ont admis que l'État pourrait allouer des traitements aux ministres du culte. La séparation est définitive, dit-on : nous ne sommes même pas convaincus qu'elle soit complète. Quand le divorce a été prononcé entre deux époux pour incompatibilité d'humeur, ils ne continuent pas d'ordinaire à habiter ensemble : la séparation légalement prononcée devient effective; chacun va de son côté et tout danger de nouveaux conflits est ainsi évité.

Peut-il en être de même en ce qui concerne l'Église catholique et l'État français? Est-ce qu'ils ne continuent pas à vivre côte à côte dans chaque localité où la paroisse subsiste auprès de la commune, l'Église auprès de la mairie? Est-ce que le pouvoir civil et le pouvoir religieux ne restent pas face à face, ne fût-ce que dans la conscience de chaque citoyen soumis à la fois aux lois de l'État et aux lois de son Église, et ne faut-il pas trouver un instrument d'entente — le mot de Concordat importe peu — entre ces deux pouvoirs rivaux également indestructibles? Car personne ne peut envisager sérieusement la solution radicale qui mettait fin à tout conflit : suppression de la religion, ou instauration d'un régime théocratique.

Dans la question des églises, l'inconvénient de l'absence d'un régime légal, accepté de part et d'autre, éclate d'une façon singulière. Nous ne voulons pas rechercher si les catholiques ont bien fait de ne pas accepter la solution des associations cultuelles, qui auraient eu les bénéfices et la charge des lieux du culte. La condamnation prononcée à cet égard par la Cour de Rome a peut-être été le résultat d'un malentendu, car on pouvait très bien constituer ces associations préposées au service temporel du culte sans porter atteinte à la hiérarchie catholique, seule dépositaire de l'autorité religieuse, hiérarchie formellement reconnue par l'article 4 de la loi de 1905, hiérarchie sauvegardée depuis dix ans par une jurisprudence très ferme du Conseil d'État. Mais rien ne sert de revenir sur le passé, cherchons plutôt les moyens pratiques de remédier à la situation. Le problème ne se pose, à la vérité, ni pour les églises qui sont la propriété de l'État, ni pour celles qui sont classées comme monuments historiques, ni pour celles qui appartiennent à des sociétés ou à des particuliers. L'entretien des deux premières catégories est assuré par le budget des Beaux-Arts ; les dernières ont des ressources que leur procurent leurs fondateurs. Restent les églises, non classées, qui appartiennent aux communes. Il semble, à première vue, que l'entretien étant une charge normale de la propriété, ce sont les communes qui devraient y pourvoir et y être contraintes au besoin par la voie de l'inscription d'office. A notre sens, cette solution ne serait ni juste ni habile : ni juste, puisque les communes n'ont pas la jouissance des édifices dont il s'agit, sur lesquels elles n'ont qu'un droit nominal de propriété ; ni habile, car on arriverait ainsi à exaspérer contre la religion des populations dont la majorité ne lui est déjà point très favorable, puisqu'elle lui refuse tout subside. Mais ce que l'État ne peut imposer aux communes, rien ne l'empêche de se l'imposer à lui-même en vue de conserver ces modestes lieux de culte auxquels se rattachent tant de souvenirs et qui font partie intégrante de notre sol et de notre histoire. Une combinaison qui a été envisagée et qui, nous l'espérons bien, sera prochainement adoptée, consisterait à créer une caisse spéciale pour les monuments religieux non classés et à lui fournir une première dotation, cette caisse devant être alimentée dans la suite par la générosité des fidèles. D'autre part, rien n'empêcherait d'organiser, sous l'empire de droit commun (loi du 1er juillet 1901), des associations placées sous le patronage des évêques : déjà des groupements se sont constitués pour les œuvres de charité, d'enseignement, de mutualité, de sport même, et leur fonctionnement a été favorisé par l'autorité ecclésiastique. Pourquoi mettrait-elle obstacle à la création d'associations spécialement chargées de l'entretien des églises, et pourquoi le gouvernement n'autoriserait-il pas ces associations à recevoir des dons et des legs en vue de pourvoir aux charges qui leur incomberaient ? Il y a là, sans même toucher à la loi de séparation, un moyen simple et pratique de résoudre la question des églises par un accord où chacun trouverait son compte.

Une autre question fort intéressante a été résolue sans aucune modification de la loi organique ; il s'agit des manifestations extérieures du culte. En l'absence de toute législation concordataire, ces manifestations sont évidemment soumises aux pouvoirs de police de l'autorité municipale ; mais il faut concilier ces pouvoirs avec la liberté de conscience et la liberté des cultes proclamées par l'article 1er de la loi de

1905. Faute de textes précis, le Conseil d'État s'est appuyé sur la tradition et les usages locaux pour annuler notamment certains arrêtés qui interdisaient les emblèmes religieux et la présence du clergé dans les cérémonies funèbres. Il est assez intéressant de voir le droit coutumier suppléer, dans des questions aussi délicates, à l'absence de tout droit écrit. Les principes posés dans l'arrêt de Sens ont servi de base à une série de décisions réprimant les abus de pouvoir de certains maires qui paraissaient avoir plutôt le souci de brimer leurs concitoyens que de protéger l'ordre public : c'est ainsi que la sortie des sociétés de musique, la liberté des cortèges, l'usage des sonneries, le port du viatique, ont donné lieu à des arrêts qui, en maintenant le pouvoir de police des magistrats municipaux, leur interdisent tout acte de ridicule persécution.

La question des Congrégations soulève des problèmes très épineux, et ce n'est pas ici le lieu d'examiner dans quelle mesure on pourrait remanier le titre III de la loi de 1901. Ce qui touche aux congrégations a, de tout temps, donné lieu à de vives controverses, et le moment n'est pas opportun pour engager des polémiques qui risqueraient de rallumer des passions actuellement éteintes. Mais en tablant sur le maintien des lois en vigueur, on pourrait chercher à en rendre l'application moins rigoureuse, ne fût-ce que par égard pour l'admirable dévouement et l'ardent patriotisme dont tant de congréganistes donnent à leur pays des preuves journalières. On sait qu'après 1901 plusieurs milliers de demandes ont été faites par les congrégations reconnues pour régulariser la situation de leurs établissements non encore autorisés. Ces demandes, ajournées en bloc pendant les années qui ont suivi la séparation, sont aujourd'hui l'objet d'un bienveillant examen, et, depuis quelque temps, le nombre des autorisations accordées s'est considérablement accru. Il paraît néanmoins difficile d'accorder la personnalité civile aux huit ou dix mille établissements actuellement en instance. La vraie solution consisterait à distinguer entre les établissements proprement dits, comportant un nombreux personnel, des ressources propres, une administration autonome et les petits groupements composés souvent de deux ou trois membres, n'ayant pas de dotation et employés comme de simples auxiliaires par les établissements publics, les communes, les particuliers. Ces petits essaims ne sont vraiment pas des établissements dans le sens des lois de 1825 et de 1901, et l'on devrait revenir à une ancienne jurisprudence qui permettait aux congrégations régulièrement reconnues d'essaimer sans constituer des établissements proprement dits et de prêter, en vertu de contrats temporaires, leur personnel aux œuvres, aux médecins, aux malades, sans mettre en mouvement la solennelle procédure d'un décret en Conseil d'État. C'est cette interprétation qui, depuis le commencement de la guerre, a prévalu par la force des choses et sans susciter aucune objection, pour les hôpitaux, ambulances, asiles de convalescents où les congréganistes prodiguent leurs soins à nos soldats blessés. Là encore, les nécessités de la guerre ont fait éclore une tolérance et une largeur de vues qui survivront, nous en avons le ferme espoir, au rétablissement de la paix.

Ainsi toutes les données de cette étude convergent vers une conclusion commune : nous sortirons de cette épreuve plus unis et meilleurs, et les questions qui, hier encore, nous divisaient profondément, seront résolues dans un esprit d'apaisement, de sagesse et de liberté.

En terminant, et après avoir essayé de sonder l'avenir, si nous jetons un regard en arrière, une impression domine toutes les autres pour les hommes qui ont fait la guerre de 1870 et qui assistent actuellement à celle de 1914. Toute leur existence a oscillé entre ces deux pôles : ils ont vécu pour réparer le passé, pour préparer l'avenir. Jusqu'à présent, nous pouvions douter si nous avions bien rempli notre tâche ; mais aujourd'hui la démonstration est commencée et s'achève sous nos yeux éclairés par l'aube de la victoire. La jeunesse qui est au front se montre admirable d'énergie, de bravoure, d'endurance ; elle a conservé toutes les vertus de la race et y a ajouté des qualités nouvelles ; le monde émerveillé acclame ces jeunes héros dans le cœur desquels bouillonne le meilleur du vieux sang français. Notre génération croira avoir assez fait pour le pays si elle lui a légué, en partant, une génération valant mieux qu'elle-même. Dans la chaîne impérissable que forme l'histoire de la patrie, notre propre chaînon avait été faussé et presque brisé : nous l'avons vaillamment ressoudé et nous y avons ajouté un nouvel anneau mieux trempé, plus résistant et plus fort.

PARIS. — IMPRIMERIE LEVÉ, RUE CASSETTE, 17.

"PAGES ACTUELLES"

Nouvelle Collection de volumes in-16. — Prix : 0 60

N° 21. **Les Procédés de Guerre des Allemands en Belgique,** par Henri DAVIGNON.

N° 22. **Le Roi Albert,** par Pierre NOTHOMB.

N° 23. **En Guerre,** *Impressions d'un Témoin,* par F. DE BRINON.

N° 24. **Les Zeppelins,** par G. BESANÇON, Secrétaire général de l'Aéro-Club de France. *Illustré.*

N° 25. **La France au-dessus de tout.** *Lettres de Combattants,* rassemblées par Raoul NARSY.

N° 26. **L'Opinion catholique et la Guerre,** par IMBART DE LA TOUR.

N° 27. **La Charité et la Guerre.** *Tableaux et croquis,* par G. LECHARTIER.

N° 28. **Les Surboches,** par André BEAUNIER.

N° 29. **Contre les Maux de la Guerre,** *Action publique et Action privée,* par Henri JOLY.

N° 30. **Le Général Pau,** par G. BLANCHON.

N° 31. **L'Allemagne s'accuse.** Pour servir à l'Histoire de la Guerre Européenne, par Jean DE BEER.

N° 32. **Pendant la Guerre.** *Lettres pastorales et Allocutions,* par S. E. le Cardinal AMETTE, Archevêque de Paris.

N° 33. **L'Allemagne et la Guerre Européenne,** par Albert SAUVEUR, professeur à Harvard University. Préface de Henry LE CHATELIER, de l'Académie des Sciences.

N° 34. **Les Catholiques allemands, hier et aujourd'hui.** *Quelques précédents au cas du Cardinal Mercier,* par le comte BEGOUEN.

N° 35. **Notre « 75 »,** par Francis MARRE.

N° 36. **L'Opinion Américaine et la Guerre,** par Henri LICHTENBERGER.

Sous presse : **L'Occupation Allemande à Bruxelles racontée par les Documents Allemands.** Avis et proclamations affichés à Bruxelles du 20 Août 1914 au 25 Janvier 1915. Introduction par L. DUMONT-WILDEN.

Sous presse : **Comment les Allemands font l'opinion.** Nouvelles de guerre affichées à Bruxelles pendant l'occupation. Introduction par L. DUMONT-WILDEN. **2 volumes.**

Sous presse : **Dans les Tranchées du Front,** par Francis MARRE.

... J. Hérsch, 17, villa d'Alésia, -Paris 14e. — 18.169

www.ingramcontent.com/pod-product-compliance
Ingram Content Group UK Ltd.
Pitfield, Milton Keynes, MK11 3LW, UK
UKHW032009260826
14628UKWH00005B/2368